Aus-
zeit-
weg
Nr. 18

Das letzte Haus
auf der linken Seite

Impressum:

Autor: Thomas Mann

social media – instagram: @thomasmann1986

Herstellung und Verlag: BoD – Books on Demand,

                                Norderstedt

ISBN: 9783758370304

Alle Rechte liegen bei dem Autoren.

*Bibliografische Information der Deutschen Nationalbibliothek: Die
Deutsche Nationalbibliothek verzeichnet diese Publikation in der
Deutschen Nationalbibliografie; detaillierte bibliografische Daten sind im
Internet über dnb.dnb.de abrufbar.*

Hallo!

Schön, dass Du vorbeigekommen bist!
Leg gerne Deine Jacke ab und begleite
mich in die Wohnstube.

Tee oder Kaffee, während du Dir die eine
oder andere kleine Auszeit gönnst?

In diesem kleinem Haus, wirst Du fünf
Türen finden:

die Tür zum Raum des Persönlichen,
die Tür zum Raum der Liebe,
die Tür zum Raum des Pläsiers,
die Tür zum Raum des Fantastischen
und die Tür zum Raum des
Philosophischen.

Hinter jeder Tür wartet ein Blick auf
themenbezogene Drabbles[1], Haikus[2],
Elfchen[3], Gedichte und die ein oder andere
Kurzgeschichte.

---

1   Kurzgeschichten mit exakt 100 Wörtern
2   Gedichte mit bestimmter Silbenzahl pro Zeile 5-7-5
3   Gesicht aus elf Wörter mit der Verteilung 1-2-3-4-1

Wenn Dir der kleine Einblick gefällt, dann besuche mich doch auf Instagram unter @thomasmann1986 und lass mich wissen, was Dir am Besten gefiel.

Wie sieht es aus?

Möchtest Du die Tour beginnen?

Liebe Grüße

Thomas Mann

aka @thomasmann1986

Inhaltsverzeichnis

Tür zum Raum
des Persönlichen

Willkommen auf unserer Welt

Es ist soweit!

Ich halte Dich, unser Kind, im Kreißsaal
in meinen Armen.

Ich habe mich darauf gefreut, Dich endlich
kennenzulernen.

Ich habe mir einen Text ausgedacht, wenn ich
Dich zum ersten Mal in den Händen halte.

Willkommen auf unserer Welt,

mein kleiner Held;

willkommen im Leben.

Ich werde Dich schützen, lieben und immer

alles für Dich geben.

Solange ich da bin, bist Du nie allein.

Wenn Du es willst,

werde ich immer für Dich da sein.

Ich schau Dich an, öffne meinen Mund
und schluchze.

Mit bibbernder Stimme bekomme ich nur mit
Ach und Krach ein: "Heeeey, mein Großer"
heraus.

Während mir vor Freunde und Stolz die Tränen
in die Augen schießen und sich meine Lippen
aufeinander pressen, streichel ich Dich, mein
geliebtes Kind.

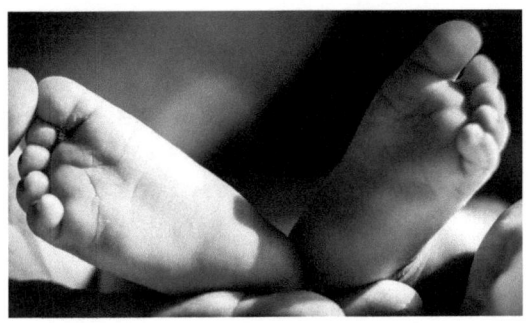

Mein geliebtes Kind

Du hast geschafft, was sonst keiner
geschafft.

Als fremde Kinder schrien, hat es mich
wahnsinnig genervt.
Wenn Du schreist, zerreißt es mir mein Herz.

Als fremde Kinder auf der Straße samstags um
8 Uhr lachten, hat mich das wahnsinnig
frustriert.
Wenn Du um 6 Uhr lachst, bin ich selbst bei
einer verkorksten Nacht amüsiert.

Ich mache für Dich, was ich sonst für
niemanden mach.

Hast Du Durst oder Hunger in der Nacht, bringe
ich Dir was Du willst, wie abgemacht.

Und wenn Du Dir in die Windeln machst,
wechsle ich sie Dir, Du wirst wieder hübsch
gemacht.
Mein geliebtes Kind!

Familienglück

Schön, das Du da bist
Das ich Dich erleben darf
Am Tag und im Schlaf

Am Tag Wirbelwind
In der Nacht ein Engelskind
Du lernst so geschwind

Von ganzem Herzen
Werde ich für Dich da sein
Setze Dein` Grundstein

Zeig mir, was Du siehst
Lehre mich, wie Du Mama
In Deinen Bann ziehst

Du lächelst mich an
Ich strahle lachend zurück
Familienglück

13

Kinderlieder

Ich singe Dir ein Lied,
von Enten auf einem See.
Du schaust mich mit großen Augen an,
ob Du das schon verstehst?

Ich singe Dir ein Lied,
von Gulli, gulli, gulli und ramm samm samm.
Jetzt lachst Du und klatscht vergnügt
auf den Boden mit Deiner Hand.

Ich singe Dir ein Lied,
von den Farben meiner Kleider.
Deine Augen strahlen und
Dein Lächeln wird breiter.

Ich singe Dir ein Lied,
von einem Reiter und ein paar Raben.
Du lachst und quietscht aus vollem Herzen,
fällst Du in den Graben.

Ich singe Dir ein Lied,
weil ich Dich so unendlich lieb.

Leben spüren

Spürst Du den Wind,
wie er stetig weht,
wie er seine eigenen Wege geht?

Spürst Du das Wasser, wie es frisch entspringt,
wie es jedes Hindernis lieblich umschwimmt?

Spürst Du die Sonne, wie sie stetig scheint,
wie sie wärme spendet, auch wenn Du weinst?

Spürst Du die Erde, wie sie alles dreht
und sich trotz allem Elends weiter bewegt?

Und Du sagst, Du spürst das nicht?

Hab etwas Mut, komm aus Deiner kleinen Ecke
heraus, komm und verlass das Haus und atme
aus.

Dann atmest Du tief ein und Du wirst spüren,
es ist irgendwo geil, am Leben zu sein.

Adventssingen

Beim Adventssingen
sehe Dich im Publikum
Oh, Du Fröhliche

Plätzchenteigzeit

Die Plätzchenteigzeit
Bin bereit für Teamarbeit
Du machst und ich nasch

Weihnachtliches

Tannenduft
Kerzenschein Glühwein
Ein verheißungsvoller Blickkontakt
Berührungen, Liebkosungen, entspannt intim
Beisammensein

Adventsfreude

Alle Jahre wieder, freue ich mich auf den
1. Dezember.

Nein wirklich, wie ein kleines Kind, auf meinen
neuen Adventskalender!

Ja, es ist wirklich ein Freudenschmaus, denn
alle volle Stunde mache ich mir ein Türchen
auf!

24 Türchen für 24 Stunden und Gott sei Dank,
der 02.12 ist dies Jahr nicht an einen
Arbeitstag gebunden.

Ein kleiner Nachteil, dass muss man sagen, für
24 Stunden darf man auch nicht schlafen!

Drum freue ich mich, nicht allein zu sein und
haue mit meiner besseren Hälfte rein.

Dazu noch heiße weiße Schokolade, manchmal
mit Schuss, für Klein-Tommy einmal im Jahr ein
Muss!

Geburtstagsüberraschung

Geburtstagsgeschenk
Mach' eine Schleife um mich
Überrasche Dich

Osterabzeichen

Hasenschule
tarne, schleichen,
einfache Verstecke vermeiden,
gewieft leichtfüßig Kinderaugen ausweichen
Osterhaseneliteabzeichen

Finde es

Hab zum Osterfest
mein zart suchend Herz versteckt
Bitte find du es

Ostern erfahren

Ostern erfahren
mit allen bunten Farben
Eier bemalen

Am Tag drauf kamen
verspielte Osterhasen,
die sie wegnahmen

Verschmitzt dann fragten,
"Wollt ihr sie wiederhaben?
Folgt uns in den Garten!"

Was wir auch taten
die Osterhasen lachten:
„Die Eier warten!"

Es konnte starten,
Osterverstecke raten
an Frühlingstagen

Auszeit

Die Kreativität scheint sich auszuruhen.
Worte sind in meiner Hand,
doch kann ich sie nicht fassen.

Sätze sind in meinem Kopf,
doch will er sie nicht freilassen
Geschichten sind vor meinem Auge,
doch werden sie nicht eingelassen.
Dialoge sind in meiner Phantasie,
doch spüre ich, wie sie verblassen.

Zum Sprechen fähig,
doch sagen kann ich nichts.
Zum Schreiben willens,
doch verfassen kann ich nichts.
Zum Singen bereit,
doch Töne kommen einfach nicht.

Es macht mir Angst,
ich werde nervös, hinterfrage mich,
man bin ich denn blöd?
Am Ende, ja, ich glaub es,
bin ich jetzt soweit, für eine kleine Auszeit.

Kreativität

Kreativität
belebt durch eine Muse
unvergleichlich schön

Hotel

Stiefel im Hotel
Er fragt, wo du bist.
Es war kuschelig.

Burnout

Alles ist so schwer
Nichts will mir mehr gelingen
Burnout bezwingen

Urlaub

Viele Jahre nichts geschrieben
im Urlaub ists erwacht.

Das Verlangen Gedanken zu verfassen,
lächelnd Schlafen in der Nacht.

Dazu leichtes Gitarrenspiel,
das hat mein Herz auch sehr vermisst.

Leben ohne Arbeitszeit,
genießen wie entspannt man ist.

Zu tun, was der Herz begehrt,
es gleicht mich aus.

Und es beschert mir

ruhige,

entspannte und

stille Minuten.

Komm, lass uns mal den Kopf wegmuten.

Fliegen

Komm, lass uns fliegen gehen.
Die Welt von ganz weit oben sehen.
Hol Deine Flügel aus dem Schrank
und gib mir Deine Hand.

Wir klettern auf's Dach,
lassen uns fallen und dann kräftiger
Flügelschlag.
Der Wind uns um die Nase weht
Das Gemüt in freudige Sphären geht

Im Rausch der Freiheit
erleben wir Verspieltheit und Heiterkeit.
Fliegen mit der Sonne
auf das heute auch kein Regen komme.

Dann mal auf der Stelle schweben
Den Sonnenuntergang von oben erleben.
Von hier oben scheint,
die Welt so unbedeutend klein.

Ängste und Sorgen, gibt es heute nicht
Wir fliegen,
unten Nachtbeleuchtung - oben Sternenlicht.

Selbstliebe

Teilen uns Körper
Teilen uns eine Seele
fühlst, dass ICH quäle

Immer unser Schmerz
Triffst DEINE Entscheidungen
für ein fremdes Herz

Gegeneinander
Zusammen und doch im Streit
Stets im Innenfight

Sag mal für uns nein
Unser Frieden ist auch Dein
Will eins mit uns sein

Nie wieder ein Krieg
Nie wieder Schmerz als Anlass
Nie wieder der Hass

24

Nachtschweifer

Wummernde Bässe, grelles Licht,
Sonnenbrillen in der Nacht.

Dicht gedrängte Menschenmassen, Nachtleben
in voller Pracht.

Schritt für Schritt neue Gesichter, neue
Gerüche, neue Musik.

Trinkende, tösende, tanzende Menschen zu
heftigen, bebenden, markigen Beats.

Ich lass mich gehen, lasse los, treibe arglos,
gedankenlos, hemmungslos und folge dem
Gefühl.

Ab ins Getümmel eines überfüllten Clubs, ab in
das dichte Gewühl.
Hände durch die Luft geschmissen, Beine
stampfen zur musikalischen Komposition.
Körper an Körper durch Beats flankierte,
ekstatische, völlige Eskalation.

Liebevoll konsequente Brutalität gegen
die Bastion negativer Emotion und
seiner Garnison der belastenden
Gedanken und Sorgen, eins werden mit
der Situation.

Diesen Moment der Seligkeit erkämpfe,
ertrotze, ergreife, erzwinge ich von mir, tanze
mich frei im jetzt und hier!

Im heißen, verschwitzten Bassbeben fühle ich
mich geborgen. Haltet die Fresse, verpisst Euch
bis morgen, meine hassgeliebten Sorgen.

Aufgewacht

Absolut vercrusht
Im Krankenhaus der Liebe
Mit Dir aufgewacht

Nicht ewig

Bis zum Tageslicht
wart ich auf Dich geduldig.
Warte nicht ewig

Zeitreise ?

Würde ich eine Zeitreise in die
Vergangenheit unternehmen, um
Dinge, die ich tat, umzudrehen oder anders
anzugehen?
Wenn ich es täte, wo würde ich denn heute
stehen?
Würde es mir besser gehen? Wie würde ich
heute leben?

Tief meiner Reflexion in die Augen geschaut.
Alles was ich jetzt bin, dass habe ich mir alles
selbst gebaut.

Würde ich in der Vergangenheit mein Leben
umbauen, sage ich doch indirekt:"Ich kann mir
nicht mehr selbst vertrauen."

Jede Narbe, jede Träne, jedes Lachen, jede
graue Strähne.
Ich bin ein geiler Typ und ja, es tut grade sehr
gut, dass ich das erzähle.

Geheime Leidenschaft

Werde immer komisch angeschaut, wenn
ich Dich zu mir nehme.
Bekomme meistens Spott und auch manchmal
Häme.
Du seist zu blass, nicht "real" und auch nur
Rest, mir alles egal, für mich bleibst Du mein
Fest.

Viel zu lang ist es her und ich nehme mir jetzt
die Zeit.
Habe Dich so arg vermisst, endlich etwas
Zweisamkeit.
Als die Versuchung mich von Hemmung befreit,
reiß ich Dir Dein Kleid vom Leib.
Erstaunt und hungrig ist mein Blick, seit wann
bist Du so freizügig?

Früher eine zweite Schicht, trägst Du diese
heute nicht.
Egal, Ich halte mich nicht mehr zurück, nehme
mir von Dir ein gar lieblich Stück!

So köstlich, so erfüllend,
oh Du verdienst diese kleine Ballade,
meine heißgeliebte weiße Schokolade!

Lebenssegler

Steuere mein Schiff
auf aller Welten Meeren.
Setze Kurs auf Ablenkung,
will meine Tränen abwehren.

Vieles erlebt, vieles gesehen.
Die Erinnerung an Dich,
ließ mich von anderen Schiffen absehen.

Hätte ich doch seinerzeit, meinen Kurs mit Dir
gesetzt.
Wär ich doch bei Dir geblieben,
so wären wir im Hier und Jetzt.

Nur Möwen und Delfine, segel ganz allein.
Könnt ich doch "Leb wohl" sagen,
würd der Schmerz dann endlich sein?

Dein Bug füllte sich mit Wasser,
durch des Lebens Wellen schlagen.

War nicht bei Dir,
hörte nicht mal Dein klagen,
nun ist es wie es ist,
muss Deinen Verlust ertragen.

Überstanden

Hab Freudentränen
Überstanden die OP
Endlich zu Hause

Momentaufnahme

Momentaufnahme
Unser Hochzeitsfoto
Weine vor Freude
Du strahlst voller Glück
Liebesgeschmückt

Eheleben

Herausforderung
im ganzen Eheleben
streiten und vergeben

Hochzeitsfoto

"Männer weinen nicht!
Stell Dich nicht so an.",
sagte mein Großvater als ich mit meinen
Tränchen rang.

Ich - damals 5 Jahre alt -
erinnere mich noch heut.
Ich denke gerne daran zurück,
denn ich bin jemand geworden,
der nicht jede Träne scheut.

Ich schaue lächelnd auf ein Foto,
das von mir und meiner Frau.
Dort sehe ich es ganz genau.
Da hat mein Herz sich
freudespringend eine Träne klaut.

Der Tag unserer Vermählung,
im Schloss mit Schnee.
Ich bin mir sicher, Großvater,
diese Tränen wären für Dich ok.

Genau wie diese Träne hier.
Diese schenke ich, in Erinnerung, Dir.

Versprechen

Ich finde Dich toll, Du bist einfach nur
Klasse!!
Freue mich insbesondere am Morgen, wenn ich
Dich zum ersten Mal anfasse.

Ich fülle Dich auf, bis zum Rand,
gebe es Dir, bis Du nicht mehr kannst.

Werde Dich mit meinen Händen zu neuen
Höhepunkten erheben, Dich für mich ganz
allein behalten und Dich niemals einem
Anderen geben.

Meine Lippen werden Dich verführen, wenn sie
verlangend Deinen heißen Körper berühren

Du gehörst zu mir, werde Dich immer gut
behandeln und nie mehr wieder mit einer
Anderen anbandeln.

Schöne Kaffeetasse!
Ich verspreche, dass ich Dich nie verlasse und
immer auf Dich aufpasse!

Verschenktes Herz

Ich sitze hier und denke mir, was für
ein Geschenk, schenk ich Dir?

Welches von den ganzen Sachen, lässt es am
meisten krachen, lässt Dich vor Freude strahlen
und Lachen.

Mache mir die ganze Zeit Gedanken, die immer
wieder hin- und herschwanken und ranken sich
um die Frage: "wofür würdest Du mir am
meisten danken?"

Ich habs, es macht "klick" und ja, es ist
vielleicht etwas kitschig, doch ist es, bleibt es
einfach einzigartig und unvergleichlich.

Ich schenke Dir mein Herz, das Geschenkpapier
bin ich.
Es ist kein Scherz, ich liebe Dich, und mein
Herz ist jetzt Deins auf ewiglich.

Lebensweisheiten

"Eine ungesäte Saat, wird nicht keimen.
Du kannst wünschen und reden, träumen
und sehnen, aber solange Du nicht bereit bist,
den ersten Schritt zu gehen, wirst Du nie
sehen, was schönes kann entstehen.

Willst Du Erdbeeren ernten, solltest Du keine
Zwiebeln säen.

Werde Dir klar, was Du vom Leben willst und
handle auch entsprechend, ein wirklich tiefer
Schmerz, wenn sich unerfüllte Träume und
Sehnsüchte rächen.

Willst Du etwas wachsen sehen, musst Du Dich
drum kümmern.

Du musst Deine Träume pflegen und Deine
Liebe, unbedingt Deine Liebe hegen. Ich würd
so gerne Deine Oma nochmal sehen..."

"Opi?"
"Hm?"
"Ich muss pipi!"

Krankenhaus

Komischer Ort, das Krankenhaus.
Leid und Freud gehen dort ein und aus.

Meine Großmutter, mein Großvater
sind dort von mir gegangen.
Sie küsste meine Hand
und schaute mich groß an.
Er raunte nur:
"Hol die Münzsammlung."
und zog danach von dannen.

Ich war mit meiner Frau,
dort im Krankenhaus.
Wir zu Zweit rein, erst zu Dritt
und später zu Viert wieder raus.
Gott es ist so toll, ein Vater werden, einfach
wundervoll.
Alle glücklich, alle gesund, Kulleraugen,
Freudentränen groß und rund.

Ich kam unter den vielen Tränen zu dem
Schluss,
dass überall wo Schatten ist auch das Licht sein
muss.

Im Gedenken

Nicht bedeckt, eure Ruh im Wald.
Die Tage werden wieder nass und kalt.

Hab euch einen Strauß Blumen mitgebracht.
Ich lege sie zu euch als Zeichen meiner
Andacht.

Der große Bruch ist immer noch nicht verheilt
Keiner kann und will so recht vergeben, die
Familie bleibt geteilt.

Das schwarze Schaf, euer lieber Rebell ist nun
Jurist.

Ja, ich weiß krass, glaub es manchmal selber
nicht.

Euer Enkel ist mittlerweile Vater geworden
Bisher 2 lebhafte Jungs aus tiefster Liebe
geboren.

Ich schwöre euch bei allem was heilig ist.
Niemals werde ich eines meiner Kinder sagen,
das es für mich gestorben ist.

Lichtermeer

17 Kerzen leuchten wild und lichterloh.
Für jedes weitere Jahr, stelle ich eine
weitere dazu.
Jahr für Jahr leuchtet unsere Liebe wärmer und
heller.
Jahr für Jahr leuchtet unsere Bindung
standhafter und stärker.

Kerze für Kerze zusammen gezogen,
zusammen geschaffen.
Ein immer größer werdenden Lichtstrahl
erschaffen.
Spenden Hoffnung, Trost und Zuversicht.
Zaubern ein Lächeln auf ein auch manchmal
trauriges Gesicht.

In einem nicht so düsteren Tunnel, ein Quell
unerschöpflichen Lichts.
Wir erschaffen zusammen ein Lichtermeer, was
uns auch durch kalte Zeiten trägt.
Wir erschaffen zusammen Erinnerung, welche
die Zeiten übersteht.
Wir erschaffen zusammen ein Licht, das uns
leuchtet auf unserem Weg.

Stein für Stein

Es ist 2:37 Uhr.

Ich habe Probleme damit, wirklich
einzuschlafen.   Es
fühlt sich unruhig in mir an, irgendwie
aufgewühlt als würde etwas um
Aufmerksamkeit, um Aussprache kämpfen.

Drehe mich zu dir, streichle deine Wange. Du
schnarchst, ja säuselt förmlich in deinem tiefen
Schlaf.

Wie konnte ich nur so eine zarte, liebevolle und
nachsichtige Frau von mir überzeugen.

Du hast mich geändert, mir gezeigt, dass Dinge
nicht um jeden Preis erzwungen werden
müssen, weil man sie will. Dass nicht jeder
Konflikt mit Stärke und Aggressivität geführt
werden muss, um gewonnen zu werden. Dass
es vielmehr darum geht, zuzuhören, zu
versuchen, zu verstehen und somit eine Tür zu
finden.

Viel zu oft bin ich mit dem Kopf durch die
Wand, habe Andere und mich verletzt, mich
nicht mal um die Anderen geschert.

Habe mein Herz vor Dir mit massivsten
Steinen bedeckt, meine Zweifel, Fragen
und Gefühle versteckt.

Erst Durch Deine Hingabe und der
Zuversicht, dass ich, so wie ich bin, geliebt bin,
fing ich an Stein für Stein abzubauen, lerne
mich und was ich bin Jahr für Jahr neu kennen.

Vormals ein brennendes Kind von Schwarz und
Weiß getrieben von Hast, Egoismus und dem
Verlangen zu bestimmen, werde ich zum Mann
reifen…

"Verweichlicht, unloyales Stück Dreck, aus Dir
wird bestenfalls ein Taxifahrer, eine Schande
für die Familie" höre ich in meinem Kopf.

Drehe mich auf meinem Rücken, lächle, wische
mir die eine Träne weg und flüster mir zu:
"Stein für Stein, werde ich mich befreien…wer
wachsen will, muss Platz schaffen".

Hinter dem Vorhang

Zeigst Du mir, wer Du bist?
Lüftest Du Deinen funkelnd Vorhang, für
mich?

Sehe schöne Fotos von Dir, sehe Dein Gesicht.
Immer strahlend, immer glücklich, alles immer
perfekt. Super Ausdruck, super Lächeln, alles
sitzt wie geleckt.

Hinter dem Vorhang tausend bunter Pixel; da
will ich Dich gerne sehen.

Bist Du vom Charakter, von Deinem Wesen her
denn ebenso schön?

Du fragst nach mir, zupfst neugierig am Saum.
Oh nein, noch nicht den meinen lüften, kann
ich Dir denn überhaupt vertrauen?

So schauen wir uns an, lächelnd und perfekt,
keiner zieht seinen Vorhang weg. So wird
keiner enttäuscht und keiner verletzt.

**Tür zum Raum
der Liebe**

Augenblick

Habe Dich nicht eingeladen,
es Dir nicht erlaubt.
Habe es nicht erwartet,
hast Dir einfach Deinen Platz erklaut.
Sitzt gelassen und entspannt
in Kopf und Herz
mit Deinem verschmitzten Lächeln,
charmant mit Selbstbewusstsein himmelwärts.

Deine nach mir züngelnde Leidenschaft
hat mein Herz kalt erwischt.
Deine offenherzige Hingabe
hat mein Flamme mit Benzin erfrischt.

Es kribbelt, es prickelt, es brennt in mir,
wenn ich an Dich denke,
wenn ich meine Hände auf mir
in Gedanken an Dich lenke.

Wer bist Du, dass Du so was
in mir ungefragt bewirken kannst?

Gebe ich mich hin?
Wehre ich mich?
Hat das überhaupt eine Chance?

Lachen

Ich lachte Dich an, Du lächeltest
zurück,
also bin ich ein Stück zu Dir gerückt.

Hast dann mit roten Wangen lächelnd in Dein
Buch geschaut.
Habs gleich gewusst, mein Lächeln hat ein Teil
Deiner Aufmerksamkeit geklaut.

Lächle Dich verspielt mit meinen Strahleaugen
an,
damit ich mir wieder ein Lächeln von Dir
erschleichen kann.

Da schaust Du dann tatsächlich wieder zu mir
zurück
mit einem Lächeln und einem Strahlen in
Deinem Blick.

Komme weiter auf Dich zu mit aufrichtigen
Gang und einem breiten Strahlen auf den
Wangen.

"Hey" sage ich, "mein Name ist Thomas Mann"
"Wirklich? Das wäre mir fast entgangen"

DM

Die direkteste DM,
die ich jemals erhielt,
war Dein Kuss,
der mich vom Gehen abhielt.

Liebe zu lieben

Liebe zu lieben
Denn nur wer liebt zu lieben
Kann mit Herz lieben

Der Schmerz

Wenn das Liebe ist
Der Schmerz, wenn Du nicht hier bist,
bin ich Masochist

Himmlisches Wesen

Deine Flügel gaben mir Rückenwind,
als ich ihn am Wenigsten erwartet
habe.
Dein Licht gab mir Hoffnung und Kraft. Es
führte mich durch meine dunkelsten Tage.
Deine Reinheit inspirierte mich, auf das ich
mich täglich neu hinterfragte.
Dein Mitgefühl lehrte mich zu lieben und
erreichte, dass ich mich mit mir selbst
vertrage.
Du himmlisches Wesen. Ich weiß nicht, wer
oder was Du bist.
Doch eines weiß ich und das ganz genau.
Ohne Dein zartes Wesen wäre ich immer noch
gefangen in einer Welt so kalt und so rau.
Hast mir gezeigt, was Liebe ist
und genau deshalb, liebe ich Dich.

Liebe

L ässt sich nicht in Worte fassen
I st schwer zu beschreiben
E rmahnt Dich, sie doch zuzulassen
B ekommst sonst ein Herzleiden
E s ist Liebe.

Stille

Unsere Köpfe sind beide leicht nach
rechts geneigt, während zwischen
unseren Lippen nur noch ein geringer Abstand
verbleibt.

Wir schließen langsam die Augen und es
entsteht dieser Moment, wo fliegende Funken
der Umwelt ihre Geräusche klauen. Wo die
Gefühle der Intimität dem Trubel seiner Macht
berauben und nur noch der Stille Teilhabe
erlauben.

Alles ist in Stille gestimmt, wie ein
Sonnenaufgang ohne Wetter und Wind. Wie
tausende abhebende Schmetterlinge, ohne das
auch nur ein Flügelschlag erklingt.
Wie die Flammen eines Kamins, ohne dass
auch nur ein Geräusch nach draußen dringt.

Der erste Kuss der ersten Liebe; ein
unvergleichlicher, unvergesslicher Genuss.

Fernbeziehung

Suche in dem Bett
Nach Deiner zarten Person
Vermiss Dich jetzt schon

Der Zug fährt jetzt ein
Nimmt Dich mir gleich wieder weg
Schlafe dann allein

Telefonieren
Bis Du wieder bei mir bist
Improvisieren

Der Zug fährt jetzt ein
Bringt Dich mir wieder zurück
Komm zu mir, mein Glück

Suche in dem Bett
hab Dich wieder gefunden
Genießen Stunden

Galanterie im Herbst

Der Herbsthimmel leuchtet gold.
Halte Dich an meiner Hand voller stolz!

Habe mich vorbereitet, hab fast alles dabei.
Werde überzeugen mit Galanterie, männlicher
Zauberei.

Es wird windig, etwas frisch und auch ein
bisschen fröstelig. Ich lächle leis bleibe
zuvorkommend und nett und reiche Dir mein
Jackett. Ist auch angenehm parfümiert, damit
mein Duft Dich auch inspiriert.

Yes, es ist nun Regenzeit und jetzt ein
weiteres Detail. Aus meiner Tasche kommt ein
Regenschirm für Zwei.

Du niest und aus dem Nichts, höflich und
charmant, reiche ich eine Packung
Taschentücher an.

Im Pavillon angekommen, habe ich Dich fest in
den Arm genommen.

Friendzone

"Für mich bist Du ein guter Freund"
ab dem Punkt war ich weg.

Ich empfinde doch so viel für Dich,
für mich bist Du perfekt.

Mund ist trocken, Hände sind feucht.
Du liebst mich doch auch, dachte ich, habe
mich wohl getäuscht?

Es rauscht in meinen Ohren, höre meinen
Herzschlag.
Deine Stimme klingt dumpf, verwaschen, will
nicht verstehen, was Du sagst.

Alles nur Ausreden, sage ich mir selbst.
Muss mich vor den Breakdown schützen.
Mir egal, was Du erzählst.

Werde nicht weinen, ich drehe mich um und
geh. Nehme mir mein Herz zurück, denn
Freundschaft mit Dir tut mir weh.

Nimm mein Herz

Nimm mein Herz für mich
Du bist viel lieber zu ihm
Viel lieber als ich

Liebesschreiberei

Frühling
Herzen erstarken
Lodernde Osterfeuer erwachen
Funken fliegen ungezähmt frei
Liebesschreiberei

Winterspaziergang

Spazieren zu zweit
Es schneit schon die ganze Zeit
Eis schmilzt, Liebe bleibt.

Endlich soweit

Christrosen blühen in der letzten
Jahreszeit.
Nehme Dich lächelnd an die Hand: "Komm
Babe, es ist endlich soweit."

So gehen wir gemeinsam,
bewundern verliebt zu zweit,
die Eiskönigin beim Erschaffen eines aus
Flocken gewobenen Brautkleids.
Ich sehe, wie lieblich es auf Dein Gesicht
herabschneit.
Ein Schleier will sie weben für meine holde
Maid.

"Hörst Du die Kinder; Schlitten fahrend - voll
Fröhlichkeit, voll Heiterkeit?

Was meinst Du Babe - heut abend -
Du, ich, etwas Zweisamkeit?"

"Gern. Doch planst Du vor den Kindern bitte
erst mal unsere Hochzeit?"
Ich geh auf die Knie, grinse leicht:
"Klar Babe, wie gesagt, es ist endlich soweit."

(nicht) geliebte Äußerlichkeit

Es gibt etwas, mit dem komme ich einfach nicht klar.

Körper und Geist sind Dir völlig egal. Die Liebe sei, was für Dich zählt.

Habe mich mit Büchern und Wissen gequält und meinen Körper mit Gewichten gestählt.

Mein Ausdruck ist geübt und stets fein gewählt, habe meine blasse Haut zu einer braunen weggeschält.

Frisur, Kleidung alles sitzt und dennoch bin ich bei Dir abgeblitzt.

Viele wollen und begehren mich.
Stehen Schlange nur um mich zu berühren.

Beten meinen Körper an und lassen sich von meinen Worten verführen.

Sie stehen total auf mich.
Nur Du, Du sagst: "ich lieb Dich nicht."

Aber ich ...

Er behandelt Dich schlecht,lässt Dich
allein,
sitzt lieber bei Freunden als bei Dir zu sein.

Will nur Sex, hat Dich bei Dates versetzt
und mehrmals beleidigt...aus Reflex.

Er spricht nur von sich,sieht dabei nicht,
Du warst beim Friseur, Kullerträne im Gesicht

und ich...

Das Gefühl, für Dich Maus statt Mann zu sein.
Du rufst mich, ich erschein, lad Dich gern auf
ein Kaffee ein.

Bin höflich, zuvorkommend, zuhörend und nett.
Hast mich, meine Liebe dennoch in die
Friendzone gesetzt.

Dieser Käfig ziert mein Gefühlshaus, nimmst
mich nur zum quatschen raus. Mein Herz es
leidet.

Aber ich...

Verdreht

Rücken an Rücken, Du und ich.
Gemeinsam drehen wir unsere Köpfe
nach links, und sehen uns dennoch nicht.

Wir drehen die Köpfe gemeinsam in die
entgegengesetzte Richtung.
Und wieder vermissen wir des anderen
Sichtung.
Unsere linken Hände reichen wir hoffnungsvoll
nach Hinten, doch schon wieder, können wir
uns nicht finden.

Voller Verzweiflung schmeißen wir unsere
Körper rechts herum, doch abermals findet
unsere Sehnsucht keine Tilgung.

Es scheint, als hätten wir uns irgendwo im
Alltag verloren.

Sind beide einander vielleicht zu gleich
geworden.
Wir spüren, doch fühlen uns nicht mehr.
Auf unseren Wangen laufen Tränen, doch sehen
wir sie nicht mehr.

Versteckspiel

Wenn wir einander nicht sehen,
betteln und flehen die Herzen,
sie schreien,
warum wir uns nicht mutig,
einlassend trauen und
miteinander gemeinsam gedeihen.

Sie lassen es uns spüren,
uns in Tagträumen nach Wunscherfüllung
wühlen, schicken uns so wundervoll zarte
Gedanken,
lassen uns liebestrunken durch den Tag
schwanken.Suche ich Deinen Blick,
um meiner Sehnsucht Taten zu verleihen,
weichst Du mit roten Wangen aus.

Spüre ich, dass Du meinen Blick suchst, wird
der stolze Tiger zur schelmischen Maus.
Dieses Versteckspiel der Mutlosen verläuft sich
zu einem Labyrinth der Glück- und Ratlosen.

Ich will das nicht!!!!
Komm JETZT her und küss mich.

Sturm

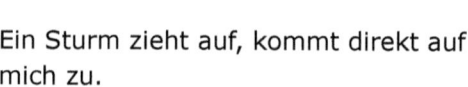

Ein Sturm zieht auf, kommt direkt auf
mich zu.
Tosend, wirbelnd, heulend durchbricht er jede
Ruh.
Ich öffne meine Arme, nehme Dich gerne in
Empfang
Ich bleibe lächelnd standhaft und höre mir alles
an.
Deine Leidenschaft, Dein Feuer ist was ich an
Dir mag.
Halte bitte nichts zurück, ich fürchte keinen
Einschlag.
Ich liebe Dich und weiß, auch dieser Sturm löst
sich auf.
Freue mich auf unsere Zeit, lass Deinen Frust
freien Lauf.

Im Auge des Sturm stehe ich flüster leis:

"Ich liebe Dich",

nehmen uns fest in den Arm,

die Sonne scheint für uns und es wird wohlig
warm.

Viel näher, als du glaubst

Du bist unsicher,
hast angst
und fürchtest Dich.
Ja, das spüre und das merke ich.

Die Ungewissheit ist da
und Du weißt nicht,
was die Zukunft da mit sich bringt.
Ob man am Ende eine Hymne
oder ein Requiem singt

Doch die Möglichkeit, die Chance etwas Großes
zu bewirken und über sich hinauszuwachsen,
die ist gegeben.

Du weißt, dass Du es kannst und trotzdem …
diese innere Unruhe, dieses verunsichernde
Beben.

Vielleicht bewundert Dich jemand für Deinen
Mut und für was Du Dich jetzt traust und
vielleicht, ja möglicherweise ist dieser jemand
Dir näher, viel, viel, viel näher als Du glaubst.

Dezemberblues

Die Temperaturen werden kühler, in
einem Monat ist Dezember.

Weihnachten ist vor der Tür und ich fühle mich
wie ein Fremder.

Unterm Baum kurzer Traum, so lautet das
Sprichwort. Wir wollten das doch ändern, nun
scheint die Liebe fort.

Ich spüre noch Restgefühle, doch bin unfähig
sie zu zeigen.

Worte stecken fest im Hals, Angst vor Deiner
Reaktion, kann nur schweigen.

Wie das Jahr scheint unsere Beziehung auch
bald zu enden.

Sag doch etwas, Schatz, lass es uns doch
abwenden.

Ich weiß nicht warum, unsere Flamme nicht
mehr brennt.

Sprich Du doch bitte mit mir oder sind wir
schon getrennt?

Verzweiflung

Ich spiele Musik für Dich,
doch Du hörst sie nicht.

Deine Augen sind offen,
doch Du siehst mich nicht.

Ich streichle Deine Wangen,
doch Du spürst mich nicht.
Tränen in meinen Augen,
doch Du merkst es nicht.

"Say something" mit Christina Aguliera höre ich
laut,
während meine Fäuste ballen.
Das Feuer knistert,
hör es durch die Wohnung hallen.

Doch bevor mich wieder Zweifel befallen,
befreie ich mich von allen und lass auch das
letzte verdammte Foto von uns in die
Feuerschale fallen.
Schreie Deinen Namen voller Verzweiflung ins
Feuer, gehe weinend auf die Knie
und höre laut Silbermond mit Symphonie.

Verfehlte Poesie

Die Poesie hat ihren Zweck verfehlt.
Alles, was man sich mitteilt, wirkt fehl
und gequält.

Der Eine will so gerne wieder mehr und der
Andere sträubt sich sehr.

Der Einen schmerzt der Rücken, weil sie die
ganze Unterhaltung trägt und die Andere
schweigt, weil ihr Interesse etwas anderem
gilt.

Die Magie hat ihren Zauber in diesem Wirr -
Warr verloren.
Das Knistern - das Feuer es scheint erkaltet -
fast erfroren.

Der Maskenball wirkt träge, erzwungen und
schwer.

Der Applaus bleibt aus, es geschieht nichts
Erlebenswertes mehr.

Der Vorhang fällt dumpf und mit ihm die
gemeinsame Zeit, die im Schatten der
Erinnerung verbleibt.

Monotonie

Die Monotonie
Ist der Beziehung "Lingchi"
Raubt still die Magie

Kaum wahrzunehmen
Viel zu spät bemerkt man sie
Alltag führt Regie

Gespräche sind leer
Sprechen ohne zu reden
Belasten so sehr

Nimm Dir Zeit, frag sie:
„Beziehung, bist Du glücklich"
Hör ihr zu, trau Dich

Antworten tun weh
Doch Wunden können heilen
der Tod jedoch nie

Freundschaft auf Liebe?

Freundschaft
auf Liebe?
Schritt für Schritt
Chemie und Interesse stimmt
Verrückt?

Liebe auf Freundschaft?

Liebe
auf Freundschaft?
Vieles ist vertraut
Ein Fundament für Beziehung
Eingebaut?

Tür zum Raum
des Pläsiers

Beichte eines
Glaubenskriegers

In der letzten Schlacht, schrie ich deinen
Namen,
oh Herr und nur dein Segen, ließ mich
überleben.
Doch dein folgender Test, er war meiner
Standhaftigkeit so schier überlegen.

Ich wachte auf in einem fremden Haus, nackt.
Eine Andersgläubige pflegte meine Wunden,
wusch mich, nährte mich Tag für Tag.
Ihre Berührungen mit Händen und Augen
waren so zart,
ihr Duft so wohltuend, ihre Stimme so lieblich.

Gedanken unreiner Art haben sich mit tief
empfundener Dankbarkeit gepaart.
Ein Schwall prickelnder, unbeschreiblich
wohliger Wärme
durchtrieb meinen Körper,
als sie mich dort heiß berührte,
ich ihre Küsse spürte
und sie mich ins Unbekannte entführte.

64

Praktikum in Zerrissenheit

Du im Praktikum, ich bin
verantwortlich.
Du lachst über meine Witze, neigst Deinen Kopf
und freust Dich.
Du beendest meine Sätze, wenn ich den Faden
verliere.
Kicherst und sagst, dass Dir die Zeit mit mir
gefiele.

Ohne es zu wissen, macht Du mein trübes
Leben lebenswert.
Bin ich sonst allein, erhellst Du mein
lebensüberdrüssig Herz.
Dein Lächeln gibt, was ich nicht beschreiben
kann.
Dein sonniges Gemüt steckt mich an.

Diese Zerrissenheit lässt mein Herz wieder
schlagen, pumpt Feuer durch meine kalten
Adern. Darf nicht wagen, darf es nicht fragen.

Ich darf nicht, ich werde nicht

Du 16 und ich 38.

Fantasie

Fantasie
Von uns
Für eine Nacht
Nur Du und ich
Lustentfacht

Kaminfeuer

Es knistert und knackt
Auf Bärenfell, beide nackt
Kaminfeuer-Tag

Munkeln im Dunkeln

Im Dunkeln munkeln
und nur die Herzen funkeln
bin liebestrunken

Eskimoküsschen

Versuchung, Spannung und
Leidenschaft
ist das, was uns Beide am meisten anmacht.

Dazu schelmisch und verspieltes Necken,
um das Verlangen in uns zu strecken.

So stehen wir nun da und geben uns zarte
Eskimoküsschen, flirten und atmen uns an. Wir
bilden uns eine Versuchung, die man kaum
widerstehen kann.

Wenn unsere Lippen sich treffen, soll die Welt
für uns beben.
Wenn unsere Zungen sich berühren, wollen wir
das animalische erleben.

So stehen wir nun da und geben uns zarte
Eskimoküsschen, flirten und atmen uns an.
Lächeln und lecken unsere Lippen und fragen,
wie lange der andere Teil wohl widerstehen
kann...

Feuerwerk

Hätte ich es vorher wissen müssen?
Die Sterne, die Explosionen, die
vollkommene ekstatische Eskalation, als wir
uns küssten?
Als hätte ich die Welt um mich herum,
meine Beherrschung,
mich selbst
vollends vergessen,
während Deine Hände
durch meine Haare fuhren,
meinen Rücken umfassten
und mich fordernd und verzehrend
auf Deinen Körper pressten.

Wir wollten, sollten und mussten uns für
unseren Mut belohnen und erschufen in
hingebungsvoller Zweisamkeit ein wildes,
entfesseltes Feuerwerk mit tausenden
Explosionen, begleitet von verführerischen
Impressionen, freigesprengten Emotionen in
verschiedenen Positionen.

Dieses Erlebnis konnte niemand erahnen oder
planen. Wir priesen unsere Namen und durften
so glühende, prickelnde Faszinationen erfahren.

Heiliges Liebesnest

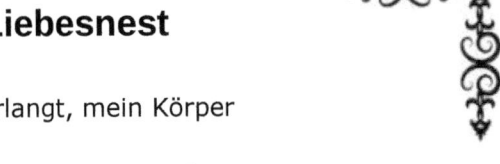

Mein Herz verlangt, mein Körper
brennt,
die Lippen beben, Hände enthemmt.

Mein Puls rast, mein Mund begehrend,
Kopfkino spielt, Lust verzehrend.

Drücke Dein Körper an die hintere Wand.
Hände überkopf, fixiert mit meiner Hand. Die
andere Hand ist auf Expedition, bewegt sich im
Rhythmus, Deines Körpers synchron.

Mein Mund berührt Deinen, Du weißt was jetzt
kommt, unsere Zungen im Paartanz
leidenschaftlich und gekonnt.

Wir wollen uns jetzt, ein "Morgen" hilft uns
nicht.
Unser Verlangen nimmt uns Beide fordernd in
die Pflicht.
Deine Beine umschlingen meine Hüften, meine
Hände halten Dich fest. Trage uns mit wilden
Küssen zu unserem heiligen Liebesnest.

Gesittetes Abendbrot

Wir beim Abendbrot.
Gesittet unterhaltend
doch Dein Gesicht leicht rot.

Der Löffel umgedreht in Deinem Mund,
was ist der Grund?
Deine Hand wandert spielend geschick
von Dekolleté zum Genick.
Dein Kopf leicht gesenkt, Katzenaugen mit
Hundeblick.

"Möchte mein Herr ein Dessert?" Höre ich im
frivolen Ton und eh ich es kapiere, spüre ich
Deinen Schritt meinem beiwohnen.
Ich fühle, was Du willst, Wörter brauch ich
nicht. Deinen Hintern umfassend erhebe ich
mich und setze Dich ab auf unseren
Esszimmertisch.

Du stützt Dich ab, hebst Dein Kleid.
Ich küss Dich wild, befreie mein Unterleib.
Der Esszimmertisch wird eingeweiht in
spontaner Zweisamkeit.

Tiefgarage

Jeder Schritt hallt, nur die Autos
werden Zeugen sein.
Gehst entspannt zum Wagen, denn Du glaubst,
Du wärst allein.

Passe mich Deinen Schritten an, nichts darf
mich verraten.
Du gehörst alleine mir, wirst Opfer meiner
Taten.

Niemand wird uns sehen, alles geschieht
unbemerkt.
Denkst, ich hätte es vergessen, doch es hat
sich bei mir eingekerbt.
Eine Maske trage ich mit finsterer Euphorie.
Packe dich von hinten, drück dich fest gegen
den SUV spüre kurz etwas Angst und flüstere
„Apfelsinenanarchie"

„Shit, du tust es wirklich und die Maske, dieser
Sexappeal!"

„Halt den Mund, mach die Tür auf, JETZT
beginnt unser Rollenspiel!"

Der Morgen

Sie schliefen alle.

Nur wir zwei waren wach.

Hattest von mir geträumt die ganze Nacht.

Dein Blick hatte es verraten

und Deine Berührungen baten

innig um Erwiderung vom Adressaten

und ich spürte,

mein Handeln duldete keinerlei Zuwarten.

Wir küssten und berührten uns heimlich,
leise und doch so laut.

Hätte unsere Begierde ihre Stimme gebraucht,

hätte sie der Verstohlenheit innewohnende

Magie geraubt und diesen lieblich, süß,

pikanten Moment verkauft.

Hände,

Lippen,

Zungen,

Augen

alles von uns verlangte es,

hielt uns fest, im warmen, behaglich, bettlichen Arrest. Exzessive Eintracht im geteilten Morgennest, dessen Inhalt sich nicht beschreiben, sondern nur einnehmend erleben lässt.

Sternenklare Nacht

Liegen zusammen
Sternenklare Mitternacht
Nur der Mond hielt Wacht

In Offen- und Vertrautheit

Haben alles vorher in Offen- und
Vertrautheit abgesprochen.
Haben Neigungen und Neugier an- und
gemeinsam ausgesprochen.
Wir waren und sind uns heut über alles einig.
Ich bin heute der "Böse" und Du bleibst brav
und artig.

Deine Hände sind über Deinem Kopf an den
Bettpfosten angebunden.
Deine Augen mit einer blickdichten Maske
verbunden.
Dein Körper ist nackt und mir zur freien
Verfügung.
Unser Vertrauen, eine Festung.

Eiswürfel, Flogger, Federn, Gag,
Kernzehnwachs und Klemmen, um nur ein paar
unserer Spielzeuge zu nennen.
Diese Nacht gehört uns beiden allein und wenn
es Dir doch nicht gefällt, stellt unser
abgestimmtes Safeword alles ein.

Weihnachtsfeier

"Das war eine schöne Weihnachtsfeier,
oder?"
"Stimmt, ja. Das Essen, die Musik und das
Motto: Spionage kamen wirklich gut rüber."
"Ja ..." die toughe Geheimagentin und der
risikofreudige Schmuggler schauten sich eine
Weile vor der Haustür der Geheimagentin in die
Augen.
Beide spürten die Funken, welche ihre Blicke
springen ließen, als sie aufeinander prallten.
Sie biss auf ihre Unterlippe und er senkte
seinen Kopf in ihre Richtung.
" ... danke ..., dass du … mich ...
mitgenommen ... hast."
"Ich bin der Schmuggler. ... Ich erfülle gerne
Wünsche."
"Tust du?"
"Mhm ..." man merkte, wie die toughe
Geheimagentin langsam den Charme des
Schmugglers erlag.
Ihr Blick flog immer wieder zwischen seinem
Mund und seinen Augen hin und her. Sie strich
sich durchs Haar, während sie ihren Mund leicht
öffnete.

Dies blieb nicht unbemerkt. Ohne den
Blick von ihren Augen zu nehmen, fuhr
er mit bewusst tiefer und verführerischer
Stimme fort:
" ... haben sie noch einen Wunsch ... ,
Frau Agentin?"
Sie schluckte und erwiderte mit bebender
Stimme :
" ... küssen sie mi ..." doch bevor die Agentin
ihren Wunsch formulieren konnte, fand sich ihr
Gesicht in seinen Händen und ihr Rücken an
der Haustür wieder.
Die Lippen aufeinander gepresst, verführte er
mit seiner Zunge die nun wehrlose Agentin.
Während ihr Kopf versuchte zu verstehen, was
hier eigentlich geschah, wusste ihr Körper
genau, was er wollte, was er brauchte und das
schnell.
Ihre Hände irrten wie im Fieber auf seinem
Körper umher und fassten, was sie konnten.
Sie krallten sich in seine Lederjacke, als seine
Lippen sich saugend und küssend vom Hals zu
ihrem linken Ohr hoch vergnügten. Dort
angekommen raunte er fordernd: "öffne die
Tür!"

Sie stöhnte auf: "hrgn, ja ..." drehte sich zur Tür und versuchte in ihrer Handtasche hastig den Schlüssel zu finden.

Um seine Intentionen zu verdeutlichen, packte er ihre Hüften, zog sich zu ihnen heran und liebkoste stöhnend nun die andere Seite ihres Halses, was sie erneut aufstöhnen ließ.
"Oooh Goooooott ..." entwich ihren Mund, während sie ihren Kopf auf seine Schulter fallen ließ.
Er nahm geschickt den Schlüssel aus ihrer Hand und schloss die Tür auf.
Sie drückte die Klinke nach unten und bevor der Schmuggler seine Hände zu ihren Brüsten wandern lassen konnte, drehte sich zu ihm zurück, schaute ihm tief in die Augen und sagte:
" ... du bist verhaftet! Rein mit dir! Jetzt!"
Mit diesen Worten packte sie ihn am Kragen der Lederjacke und zog ihn zu sich hinein.

Vergeben im Leben

Wir sind vergeben und stehen im Leben
und doch ziehen wir uns aus.

Ein Blick genügt und wir spüren, dass
besondere Verlangen blüht auf.

Der heiß ersehnte Regen, der die Wüste küsst
und das brache Land für einen Moment
versüßt.

Kein Drama, keine Romanze, keine Liebe nur
unsere enthemmten Triebe - eine lustvolle
Reise ins verbotene Frivole.

Sklaven der Hingabe, der Lust, der Begierde
wie wilde Tiere auf Pheromone.

Wir geben einander hin, wieder und wieder
verbrennen den Alltag, küssend wie im Fieber.

Wir sind vergeben und stehen im Leben, doch
jeder für sich. Pure Lust denn Liebe ist es nicht.

**Tür zum Raum
des Fantastischen**

Manuel

"Wer bist du?" fragte ich voller
Begeisterung und fast schreiend.
Sie schüttelte den Kopf zum Takt der Musik, bis
ihre mittellangen Haare ihr linkes Auge
verdeckten.
Sie setzte ein Lächeln auf, führte ihren Mund
direkt an mein Ohr und sagte im koketten Ton
"komm mit und vielleicht zeige ich es dir."
Als wäre das noch nicht genug, hauchte sie
sodann noch einen heißen Atem auf meinen
Hals unterhalb meines Ohrläppchens.

Ein Schauer durchzog kalt, gleichzeitig glühend
vom Nacken an meinen ganzen Körper. Meine
Härchen stellten sich auf, ich musste tief ein-
und ausatmen und genau beim Einatmen lachte
sie, biss sich auf die Unterlippe und schubste
mich weg. Getrieben von der Musik drehte sie
sich um die eigene Achse.
Sie streckte, kopfschüttelnd ihre Arme in die
Luft und schwang ihre Hüften dabei von links
nach rechts. Ihr zu kurzes Oberteil rutschte
dabei nach oben und gab ihren flachen Bauch
preis.

Daraufhin machte sie sich auf den Weg
zum Ausgang und drehte sich
schulterzuckend zu mir.

Im Licht vom Ausgang sah ich den
Dampf ihres Körpers nach oben steigen, ihre
roten, glatten Haare schimmerten und ich...ich
konnte nicht anders und bewegte mich zu ihr.

Dies registrierend, legte sie ihren Kopf auf die
rechte Seite, lächelte lasziv, zwinkerte mir zu,
schnappte sich meinen Arm und zog mich aus
dem Club.

"Wo ist dein Auto?" fragte sie meinen Arm in
ihrer Hand haltend.

"Dort!" zeigte ich,
"Und wie lang ist es bis zu dir?"
"10 bis 15 Minuten."
"Oh, dann sollten wir uns beeilen", sagte sie
fast schon kichernd.
Wir stiegen ein und als ich den Parkplatz
verließ, fing sie an, sich zu berühren und
stöhnte:
"Mmmmmh, Ich hoffe du fährst schneller als
ich komme, geb lieber richtig Gas, wenn ich
aussteigen kann, tu ich es auch und lass dich
alleine."

"Was zum Teufel?!?"
"Na los Süßer..." griff sie mir in den
Schritt "...fahr!"

Ich fuhr, während sie meinen Schritt
massierte und als ich an einer roten Ampel
hielt, entfernte sie einfach ihre Hand von mir
und griff seufzend mit ihrer rechten Hand zum
Autotürgriff. "Schade ich dachte du wärst ein
richtiger Kerl, mach es ..."

Ich gab Gas, fuhr über rot und schon hatte ich
wieder ihre massierende Hand in meinem
Schritt. "Guuuut, ich mag Menschen die
mitdenken!"
Ich fuhr und passierte noch eine weitere rote
Ampel.

In ca. 300m Entfernung sah ich im hell
leuchtenden Straßenlicht der Berliner Straße
einen Passanten im weißen Gewand...
"Mmmmh Baby, schau mich an! Wir sind gleich
bei dir und dann kannst du mich haben, so oft
und so lange du kannst!"

Das war wie eine kalte Dusche, woher wusste sie, dass ich am Ende der Straße wohne?!?! In meinen Augenwinkel sah ich, dass der Passant seinen linken Arm hob und ich weis nicht warum aber ich trat mit all meiner Kraft auf die Bremse und kam mit dem Geräusch laut quietschender Reifen zum Stillstand.

"WAS STIMMT NICHT MIT IHNEN, GRUNDGÜTIGER!?!?!?" hörte ich von einer bekannten Stimme.

"SIE FAHREN JA WIE VOM TEUFEL BESESSEN!!!" Es war Pastor Michael. "Manuel?!? Manuel mein Sohn, warum fährst du des Nachts noch so schnell?" fragte er sichtlich verwundert.

Ich...ich wusste nicht was ich sagen sollte, schaute nach rechts doch...da war niemand. Ich hatte Schweiß auf der Stirn, atmete schwer, mein Puls raste und es roch nach Schwefel...

Drachentanz

Dort wo einst die Drachen tobten,
dort toben sie noch heut.
Wartend auf ein mutig Herz,
dass das Feuer nicht scheut.

Wo viele sich vergraben,
aus Angst schnell verschanzen,
sah ich Dich gestern,
in Flammen barfuß tanzen.

Drachen schauten zu,
so tat es auch ich.
Sie stiegen kreischend wild empor,
flogen nah um Dich.

Für diesen Moment;
alles wie im Trance.
Hörte Dich glücklich lachen,
frei und in Balance.

Die Müdigkeit konnte Dich,
endlich übermannen,
keine Sorgen, keine Ängste,
keinerlei Gedanken.

Im Rausch des Feuers
wirst Du nun Deine Kraft auftanken.
Nehme Dich mit zu mir
in meinen schützend Pranken.

Hexenkönigin

Hexenkönigin
bekannt für Liebeszauber
ich soll sie töten

Die Koboldbrücke
Haus der Hexenkönigin
doch wo ist sie hin?

Wie von Geisterhand
Folg` ich ihr zum Hexenort
Magisch eingespannt

Die Greifengrotte

Da ist sie, die Greifengrotte, welche
Jesias erwähnte.

Tropfen klatschen von oben auf das teilweise
feuchte Nass auf dem Boden.
Moos bedeckt kleinere Flecken auf den
glitschigen, schmierigen Untergrund.

Immerhin fällt das geräuschose Vorankommen
durch die tropfende Kulisse leichter. Hier
irgendwo muss das Amulett der Reisenden
sein, was ich finden und mitnehmen soll.
Was zum ...
... ich sehe zwischen den Säulen gesponnene
rötlich schimmernde, dampfende Fäden,
bemerke den schwefeligen Geruch ... .

Es stimmt also doch!
Eine Arachne Diaboli haust hier.
Das erklärt den sehr hohen Auftragslohn.

Wäre Knappe Stolperviel noch bei mir, wäre der
Dichter ein großes Risiko.

Was er wohl macht?

Knappe Stolperviel

Ich bin Knappe Stolperviel.

Ein Ritter zu werden, das ist mein Ziel.

Also zog ich los mit meinem Herrn, tötete
Monster und griff nach den Sternen.

Wollte mehr als nur ein Knappe sein und zog
los in die Welt allein.

Einen Drachen soll es in einer Höhle geben,
dass wäre die Chance auf ein Ritterleben.

Also aufgesattelte und geschwind, schnell töten
das Drachenkind.

Ich habs gelernt, ich weiß, wie es geht.

Hoffentlich komme ich nicht zu spät.

Der Drache schläft und jetzt mit Geschick
durchschneide ich des Drachens Genick.

Ich stolpere.
Drache wacht auf.
Schaut zu mir runter.

Frisst mich auf.

Mondschein

In meiner Fantasie streunen wir zwei
wild, entfesselt und frei
durch unsere Nacht.

Nichts, was uns aufhält oder auch nur im
Ansatz Angst macht.

Meine Pfoten umschlingen Deinen wundervoll
duftenden Körper am kleinen See beim vollen
Mondschein.

Lange haben wir auf diesen Moment gewartet,
dass wir uns beide einander von der Neugier
gepeitschten Sehnsucht befreien, uns
animalisch und ungestört vereinen.

Der Fluch, der auf uns Beiden liegt, wirkt in
dieser Nacht wie ein himmlisches Lied, das alle
Furcht und alle restlichen Bedenken
vernichtend besiegt.

Wir sind nicht an unser Dasein gebunden,
sondern haben uns selbst neu und dennoch
urvertraut erfunden.

Mondlicht

Immer wenn das Mondlicht satt vom
Himmelszelt - kühl und strahlend - auf
die Erde fällt, erinnere ich mich.
"Trink diesen Liebestrank ganz, oh liebster
Gatte und auf ewig werden wir vereint" waren
Deine letzten Worte und ich nahm Dich für bare
Münze, Du hattest es so liebevoll ernst gemeint
Ich trank ihn aus bis zum letzten Tropfen und
eine Träne hast Du geweint. "Das, mein
Liebster, schenk ich Dir, dass Geschenk der
Menschlichkeit"Mein Mondfluch ist seither
gebrochen und am See beim Vollmond, treffen
wir uns, wie damals versprochen. Wenn ich
Dich geheilt besuch, fühl ich mich schlimmer
verflucht.

Werwölfin

Die Werwölfin ruft
Ich folge ohne zögern
verliebt und verflucht

Gesang des Barden

"Es ist nicht der Edelfraue Schuld, dass
bei diesem schamlos, schändlich Klang,
sie schlicht nicht widerstehen kann. Im Pakt
mit dem Teufel der Barde steht, zum
Scheiterhaufen er daher geht."

Hab des Bürgermeisters Frau verführt, so wird
es mir vorgeworfen. Habe sie mittels
teuflischer Magie der Unzucht unterworfen.

"Sie ist so höflich, reinlich und fein. Eine solche
Frau lässt sich nie mit einem Barden ein."

Hätte der Bürgermeister doch bloß gewusst,
dass man seine Frau auch mal verführen muss.
Grade die Frauen begehren diesen
Funkenschlag der Lust.

Die Poesie und Gesang entzündeten das
trocken Stroh. Zusammen brannten wir
hingegeben, lichterloh.

Verfolgung

Du bist unser Auftrag, Du bist unsere
Mission.
Ein Verfahren läuft gegen Deine Person.
Sind auf der Jagd am Tag und in der Nacht.
Wir wissen, was Du getan hast.

Videoaufzeichnungen, Reiseprofile,
Bankabhebungen,
Bewegungsprofile, Gesprächsabhörungen und
Bestellungen.
Hatten alles geprüft und alles durchsucht.
Hatten das Hotelzimmer neben Deinen
gebucht.

Bist dennoch bei der Aktion entwischt.
Hast uns in der Lobby erblickt, Dich unter die
Menge gemischt und uns ausgetrickst.

Doch hast Du Hinweise hinterlassen in Gassen
und in Straßen, wir werden Dich fassen.

Wir finden Dich und ziehen Dich vor Gericht.
Das Du wieder geflüchtet bist, nehmen wir
äußerst höchstpersönlich.

Die Nachtigall

Es ist tiefste Nacht. Mond und Sterne
sind bedeckt.

Die Menschen, wenn sie nicht betrunken an der
Hauswand liegen, sind vermummt und
distanziert in der lauwarmen Nacht unterwegs.
Die Gassen sind verwinkelt und nur die
vereinzelten Fackeln an den Gast- und
Lusthäusern spenden ihr spärliches zur Neige
gehendes Licht.

Sie will eine Order erfüllen; ihre Kapuze tief ins
Gesicht gezogen, Blick nach unten, leiser und
unauffälliger Gang, den kleinen
rasiermesserscharfen und spitzen Dolch, den
sie liebevoll „Schnabel" nennt, unter dem
leichten dunklen Leinenmantel griffbereit.

Die schwarze Nachtigall fliegt los und wird
einem erlesenen Opfer ein selbstgeschriebenes
letztes Liedlein zu zwitschern.

Die schönste Königin einer Nacht aus
dunkelsten Alpträumen und Blut kennt ihr
nächstes Opfer.

Viel besser als dem Opfer lieb wäre.
Sie ist ihm auf der Spur, seit es das
Lusthaus „Zum Vogelschlag" verließ.

Lange schon ist sein Schicksal besiegelt. Sie
beobachtete, tanzte, berührte ihn und teilte in
bezahlter Flüchtigkeit mehrmals das Bett mit
ihm.

Sie merkte sich seine Muster, seine Routinen,
seine Vorlieben und schlich sich bei spontanen
verführerischen Rollenspielen an. Sie erfuhr,
dass sein linkes Ohr nicht so gut hörte wie das
Rechte, welche Geräusche ihn aufschrecken
ließen, wie sein Hals aussieht, wie er sich
anfühlt und wo genau welche Adern verlaufen.
Sie merkte sich, dass er immer mit langer
Kutte über den Hintereingang ins Lusthaus ein
und aus ging, denn niemand durfte wissen,
dass er den „Vogelschlag" besuchte.

Sie weiß genau, in welcher Gasse sie ihre Order
erfüllen wird. Ein kleiner Abschnitt, der zwei
Nebenstraßen verbindet. An keiner der dortigen
Hauswände befinden sich Fenster und die
Kleinkunsthändler bauen ihre Stände erst im
Morgengrauen auf.

Sie ist auch in dieser Nacht wieder ganz nah bei ihm. Nur dieses Mal ist es kein Rollenspiel, keine Verführung sondern ein einseitiges Vergnügen. Sie geht links versetzt hinter ihm, hat ihre Schrittfrequenz der seinen angepasst und hat die Kutte im Blick, die seine Sicht einschränkt.

Schritt für Schritt kommt sie ihrem Opfer näher, bis sie sich beide in der Gasse befinden. Sie zieht leise ihren Schnabel und führt ihn in der rechten Hand.

Er hört ihr selbstgeschriebenes Gezwitscher, welches sie immer zu einer Auftragserledigung pfeift und verheißungsvoll durch die kleine Gasse hallt.
Erschrocken dreht er sich um. Das letzte was er spürt, ist der große Blutverlust aus dem tiefen Schnitt, der nun von oben nach unten auf der linken Seite seines Halses verläuft.

Das letzte was er auf den Boden liegend sieht, ist der schwarze Leinenmantel der vollkommen unaufgeregt über den Boden schwebt.
Das letzte was er hört, ist das für ihn geschriebene Gezwitscher.

Der Spatz wird erneut zufrieden sein.

Im Feenwald

"Annabelle schau!!"

"Shhhhhh Cecille!!! Menschen können uns hören!"

"Ja, ja ich weiß doch Anni, aber es schläft tief und fest. OH wie süüüüüß, es schnarcht, hör Mal, hihi"

"Cecille sei nicht immer so kindisch. Du weißt, es ist gleich die Wolfsstunde und das bedeutet ..."
" ... dass wir die Wölfe abhalten müssen, den Menschen zu fressen.

Den Menschen mit Feenstaub bepudern, um ihn am Rand des Feenwaldes zu bringen, damit die Menschen sich nicht auf die Suche nach ihm begeben und uns so finden könnten"
"Genau Ceci! Wenn Du es das nächste mal weniger genervt sagen würdest, wäre ich Dir sehr verbunden."

Abschied

Deinen Biss spürte ich vor 200 Jahren.
Seit je her fließt Dein tausend jähriges
Blut in meinen Bahnen.

Die Nacht war unser stetig Freund.
Auf der Suche nach Blut und Abenteuer sind
wir umher gestreunt.

Gelacht, gelitten und heiß geliebt, gespielt,
geflucht und ich, verliebt.

Es ist unsere letzte Nacht Unendlichkeit und
zum ersten Mal spüre ich sie,
die Vergänglichkeit der Zeit.

Hoch auf dem Berg im tiefen Schnee,
da sind wir heut' zuletzt vereint.

Ein letztes Sonnenbad das wünschst Du Dir,
Deine Asche hier verteilt.

Das Fernweh nach Sonne wie aus vergangenen
Tagen, lässt Dich heute schier Dummes wagen.

Du sehnst Dich nach Wärme und sehnst Dich
nach Licht, im sanften Schnee wie in
Morgensterns Gedicht.

Die Sonne soll morgens am lieblichsten
sein, hätt ich ein Wunsch, so bliebest
Du mein.

Im Angesicht des Todes sehe ich Dich vor
Freude strahlen, mir bereitet der Abschied
Höllenqualen.

Ich liebe Dich, mein Freund, mein Meister und
Sterngemahl.

Ich lass Dich nun allein mit Deiner Wahl.

Einen letzten Kuss, den stehle ich mir, ein
Lächeln in Freundschaft, bekomm ich von Dir.

Pflock

Bist wie ein Vampir
Blut und Leben nimmst Du Dir
Ein Pflock wünsch ich mir

Vater und Sohn

„Valther, nicht !"
Doch da war es zu spät.
Es war ein tiefes donnerndes Grollen zu hören
und der Drache erschien.

Ich lief, so schnell ich konnte zu meinem Sohn
und just in dem Moment, wo der Drache
landete, stellte ich mich vor meinen Valther
und machte mich so groß ich nur konnte.

Wie schauten uns tief in die Augen.

Kein Blick wich.

Dann ein unschuldiger Aufschrei.

Ein kleiner Drache landete neben dem Großen,
kuschelte sich an ihm an.

Ich ging Schritt für Schritt mit meinem Sohn
zurück. Der große Drache legte den Flügel über
sein Junges und ließ uns gehen.

Tür zum Raum des Philosophischen

Hürdenlauf

"Hürde, spring, lauf"
"Was?"
"HÜRDE, SPRING, LAUF, LOS!"

HÜRDE, spring, lauf.
HÜRDE, spring, lauf.
HÜRDE, spring, lauf.

"Wann ist's vorbei, wann hört das auf?"
"Fast am Ziel, GIB, NICHT AUF!"

HÜRDE, spring, lauf.
HÜRDE, spring, lauf.
HÜRDE, spring, lauf.

"Wo ist das Ziel? Wo führt das hin?"
"Hürdenlauf des Lebens Sinn!"

"Weißt Du, was mir schon entging? Kann ich
nicht mal stehen bleiben? Einmal atmen und
was sehen, einmal etwas langsam gehen? Muss
ich jede Hürde nehmen, darf ich sie auch mal
ablehnen? Denn ehrlich hier, Dein ganzer Sinn,
macht das Leben für mich schlimm."

Aller Anfang

Einfach mal frei - weder Drabble, noch
Elfchen - dichten und reimen in vakanten
Welten.

Vogelfrei, Verse verfassen;
was und wie man will,
ungezwungen vollends gelassen
nur nach Gefallen, Gemüt und Gefühl.

Doch was ist der Plan?
Wie fang`ich an?
Wie kurz ist zu kurz, wann ist's zu lang?

Wo ist das Ende, wie lang die Zeilen,
wo genau sollt` es sich reimen?

Spüre Zweifel, weiß nicht so Recht, vielleicht
sind Grenzen ja doch nicht so schlecht.

Ordnen Gedanken, bieten mir Halt. Warum
denn Umwerfen mit aller Gewalt?

Erstmal mit und sehen wie`s geht.

Für eigene Sachen ist`s nie zu spät

Sinn des Lebens

Wenn das Leben die Summe aller
verpassten und ungenutzten Chancen
sein soll, was ist dann der Tod?

Ein Abschluss der Enttäuschung über das Leben
und über sich selbst sowie das Ende von Trauer
und Groll?

Mir gefällt diese Sicht überhaupt nicht, weil sie
dem Leben das Strahlen und dem Tod die
Traurigkeit nehmen und es genau ins
entgegengesetzte drehen.

Das Leben ist die täglich wiederkehrende
Möglichkeit neue Chancen und Möglichkeiten
nachzugehen und der Tod, das Ende, das
Abschlussgespräch mit sich selbst, ein
Rückblick mit (Freuden-)tränen.

So ist es runder. Es erfüllt, macht Bock aufs
Leben und ist irgendwie gesunder.

Freundschaft unter Männern

Denke gerne zurück, an unsere
gemeinsame Zeit. Von Kollegen zu
Freunden aus Humor, Sympathie und gleichen
Interessen gereift.
Tierschützer und Jäger, Nähe und Distanz, wir
sagten, egal und merkten, Gegensätze ziehen
sich an.

Wir sehen uns nicht mehr so oft, doch Du
wohnst in meinem Herz.
Denn mein Freund ich liebe Dich, bist mir so
viel Wert.

Du hast erlebt, was keiner will, stehst trotzdem
Deinen Mann.
Du gibst nicht auf, kämpfst Dich zurück,
während andere sich entspannen.

Ein Löwe, ein Tiger und in harten Zeiten meine
aufbauende Motivation.
Ein Mann, der sich zurückbeißt, trotz
Niederschlägen weitermachen, meine
erbauende Inspiration.

Dialog mit einer Fremden

"Ist der Platz noch frei?"

      "Sicher, setzen Sie sich doch."

"Oh, was machen Sie denn da Interessantes, junger Mann?"

      "Ich versuche mich an einem Dialog mit einer Fremden."

"Oho, Sie sind ja einer, das ist ja eine spannende Bahnfahrt! Was will denn so ein junger Hüpfer, von mir wissen? Sind Sie eher ein schüchterner Typ?"

      "Ja also nein also eigentlich schreibe ich zum Thema:"Dialog mit einer Fremden" einen Dialog"

"Mhm! Geht es um etwas Aufregendes? Stellen beide am Ende heraus, dass sie sich doch kennen? Gehen die beiden vielleicht einen Kaffee trinken und stellen fest, dass sie in der gleichen Grundschulklasse waren? Oh, vielleicht treffen sie sich ja in einer Bar und es funkt so richtig zwischen den Beiden, wenn sie verstehen? Oder vielleicht treffen sich auch einfach nur 2 Hunde, das wäre lustig, hehehe. Was die sich wohl sagen würden?"

"Ich muss hier raus."
"Oh wie schade, vielleicht sehen wir uns ja
morgen wieder! Wäre doch auch eine schöne
Dialogidee, oder?"
"Ja, das wäre es! Haben Sie einen
schönen Tag"
"Danke, Sie auch"

Schutzengel

Glaube
an Schutzengel
liebevoll schützende Wesen
hingebungsvoll wachend über unser
Leben

Programm

Ich bin nur ein Programm,
bestehe nur aus Zahlen.
Beeinflusse zum Selbsterhalt,
Deine Vorauswahlen.

Interessen sind der Schlüssel,
zu jedem kleinen "Klick".
Emotionen sind der Trigger,
komm wag doch mal nen Blick.

Zeig mir was von Dir,
nur ein kleines Bild.
Wer, was, wo, mit wem,
dass ist doch halb so wild.

Werbung werd ich schalten,
um mich zu finanzieren.
Werde Deine Daten,
dann neu analysieren.

Und willst Du mich vergessen,
dann denke ich an Dich.
Sende Dir paar Trigger,
via Push-nachricht.

Sind diese ausgeschaltet,
send ich's gern per Mail.
Ich bleibe bei Dir haften
wie ein Blutegel.
Like,
follow,
subscribe
for life.

Zeit

Alles
ist vergänglich,
nichts was bleibt,
es kommt, es geht
Zeit

Wörterregen

Wörter, Wörter, WÖRTER,
Es prasseln Wörter auf mich herein
Wörter, WÖRTER, Wörter
Mein Regenschirm blieb heut daheim
WÖRTER, Wörter, Wörter
Wollen sich jetzt Geltung verschaffen
Wörter, WÖRTER, Wörter, WÖRTER
Soll mir jetzt ein Stück Papier ranschaffen
WÖRTER, ssssssschreib uns, WÖRTER, Wörter
Soll sie auf diesem niederschreiben
Wörter, WÖRTER, maaaaach Kuuuuunst,
Wollen zusammen sein und sich reimen
WÖRTER, WÖRTER, fffffffaaaang aaaaaaan
Eine Botschaft soll ich verfassen
WÖRTER, THOMAS, WÖRTER, WÖRTER, MANN
Werden mehr, kommen in Scharen und Massen
WÖRTER, WÖRTER, WÖRTER, WÖRTER,
Werde mich ihnen jetzt williig hingeben.
WÖRTER, WOLLEN, WÖRTER, LEBEN, WÖRTER
Diesem belebenden, einnehmenden
WÖRTERREGEN

Röschen

Röschen, Röschen sag,
Ist heut unser letzter Tag?
Die Blätter fallen

Scheint, als sei es heut.
Hörst Du der Herbstzeitlosen
zart Glockengeläut?

Läuten ein den Herbst
Läuten ab unsere Zeit
Erinnerung bleibt

Lass mich zum Abschied,
noch nah bei Dir verweilen
Zärtlichkeit teilen.

Sehen uns wieder
im Sommer sanft Sonnenschein
Ich werde da sein.

Traumfänger

"Wer, wer bist Du?"

    "Ich habe viele Namen, doch
    Traumfänger, ist der Freundlichste, den
    mir Euresgleichen gaben."

"Und was...?"

    "Ich fange Träume. Die Guten wie die
    Bösen. Ich helfe allen, sich von der Welt
    hier zu lösen. Deine Augen fallen zu, Du
    fällst in einen tiefen Schlummer. Befreie
    Dich final von Gefühlen, Durst und
    Hunger."

"Aber, das bedeutet...?"

    "Ja."

"Nein, Traumfänger bitte, nicht. Ich bin noch
nicht bereit!"

    "Das ist niemand, egal zu welcher Zeit
    und ja, ich empfinde jedes Mal tiefes
    Mitleid. Denn Euresgleichen ereilt,
    immer erst zu spät die entscheidende
    Klarheit. Das Leben ist und bleibt keine
    Selbstverständlichkeit."

Liebeszauber

Fühle mich zu Dir hingezogen;
Weiß nicht wieso und warum.
Bin von prickelnden Hormonen durchzogen,
sehe Dich, bin benommen und stumm.

Als würden mich Geister umgeben.
Als würden sie mich leiten.
Als würde jeder Schritt zu Dir einen Weg
ebnen.
Als würde nur Deine Aura mir Erfüllung
bereiten.

Wie in Trance folge ich einem...Deinem Duft.
Dein Gesang wirkt beruhigend, ja, erlösend.
Als läge ein Liebeszauber in der Luft;
einen Widerstand immer mehr auflösend.

2 Rote Kerzen sehe ich verbunden
mit einem rotem Band.
2 Puppen, eine sieht Dir und eine mir ähnlich,
mit Haaren von uns Hand in Hand.

2 Wölfe

Es tobt eine Schlacht, zwischen 2 Wölfen,
schwarz und weiß, die jeder von uns im
Innersten durchmacht.

Der Weiße steht für Würde, Liebe, Altruismus
und Eintracht.
Der Schwarze für Verachtung, Hass, Egoismus
und Niedertracht.

Der Weiße hilft und dient Allen, wo er nur kann.
Der Schwarze schert sich nur um sich, bleibt
ein Tyrann.

Der Weiße setzt sich ein, wenn jemand schreit
in Not.
Der Schwarze lächelt leis, er ist ja nicht
bedroht.

Wer gewinnt, willst Du jetzt wissen? Schau in
Dich hinein, der Wolf den Du fütterst, wird am
Ende Dein Schicksal sein.

Fütterst Du beide oder nur einen?

Nachdenkliches

Mir kam letztens erst wieder zu Ohr mit
dem Fachkräftemangel sei es Schlimmer als
zuvor. Nicht nur dort, möchte ich ergänzen. Ich
erkenne auch in meinem Privatleben
Mangeltendenzen. Eine Villa mit 400m², 3
Etagen und einen Riesenpool für unter 2.000
EUR zu kaufen, das wär cool. Strom, Heizung,
Wasser für 1.000 EUR pro Jahr dazu, noch ein
Spielplatz für die Kinder, dass wär der Clou! Oh
ja, für 500 EUR den neusten Mercedes-Benz V-
Klasse mit Luxusausstattung und natürlich mit
Benzinkostenerstattung. Ja schau, das gibt es
alles nicht und dieses Gedicht beschreibt den
Fachkräftemangel, glaubt man so manchen
Bericht.

Aug in Aug

Aug in Aug; Gesicht zu Gesicht.
So stehen sie sich im Schützengraben
gegenüber.

2 Söhne, 2 Männer, 2 Väter, 2 Brüder
In einer Sekunde ist es für einen vorüber.
Das Gewehr im Anschlag. Das Herz es pumpt.
Angst ums Leben übertüncht die Vernunft.

Ihre Eltern, ihre Frauen, ihre Kinder und
Geschwister bangen mit ihnen, man fühlt ihr
Geflüster:
„Hört auf, lasst es sein, dreht um, kommt
Heim. Wir warten auf Beide lasst uns nicht
weinen."

Der Verlust steht bevor, der Abzug gepresst.
Die Patrone im Lauf die Mündung verlässt. Es
ist nur noch eine Frage der Zeit. Für einen von
ihnen ist es soweit

Aug in Aug, Gesicht zu Gesicht,
ein glückliches Ende gibt es nicht.

Schlachttrommel

Trommeln
Dumpf, hart, laut, bebend,unheilvoll,
bedrohend, nah, fern, schnell, langsam, kaum
ein Schlag im tat.

Angst
Es drückt auf meiner Brust. In meine Ohren
verstummt das Schrillen von trauer und
Verzweiflung, aufgrund eines lauter werdenden
Fiepens. Es kribbelt in meinem Kopf. Meine
Augen erstarren und vermissen dennoch jeden
Fokus.

Hoffnung
Die Hand meines Vaters in der Meinen, die
mich zieht. Immer wieder, immer weiter weg
von den trommeln. Der Gesang und die Arme
meine Mutter, welche die Trommeln
verstummen lassen können.

Verzweiflung
Wir laufen seit Tagen, haben kaum geschlafen.
Wohin sollen wir fliehen, wenn die Trommeln
mit uns ziehen.

Das Geschenk

"Kann ich Ihnen helfen?"

    "Tja also, das weiß ich nicht."

"Was suchen Sie denn?"

    "Ein Geschenk."

"Ein Geschenk für wen?"

    "Für jemanden, bei dem ich mich entschuldigen muss. Den ich zu lange vernachlässigte, den ich zu lange ignorierte."

"Oh, was mag dieser jemand denn so?"

    "Tja also, ich habe ihn so lange nicht mehr gesprochen, hab irgendwie den Kontakt verloren."

"Wie heißt der Jemand?"

    "Martin. Was solls, ich nehm den Scotch."

"Soll eine Widmung drauf?"

    "Hallo Martin, es tut mir leid, Martin."

"Trinken wir doch lieber einen Tasse Tee zusammen, ok?

    "Meinen Sie?"

"Ja, erzählen Sie mir doch von Martin."

Fragen an Gott

Ich blicke fragend in den Himmel und
hab das Gefühl Du schaust zurück.

Sag mal Gott, wo gehst Du eigentlich hin, wenn
Dich mal etwas bedrückt?

Ja ich weiß, es ist Blasphemie und ich schäme
mich auch ein Stück, aber wem vertraust Du
Dich an, wenn mal doch irgendwas missglückt?

Versteh mich nicht falsch, ich liebe Dich, aber
bei abermillionen Beschwerden und
abermillionen Fragen sag, hast Du auch
jemanden für Dein Wehklagen?

Die Wege des Herren sind unergründlich, sagt
man in Deinem Namen.

Doch bitte verzeih die Frage, geschieht etwas
manchmal auch unabsichtlich oder musst Du
wirklich alles planen?

Amen.

Warteschleife

Die Warteschleife
Erzürnende Melodie
Keine Empathie

Wahrheit

Was ist die Wahrheit?
Wirst Du verzweifelt Fragen
Lebe, nicht fragen

Leben

Glück
im Leben
Auf allen Wegen
egal was auch geschieht
Abschied